BEI GRIN MACHT SICH IHR WISSEN BEZAHLT

- Wir veröffentlichen Ihre Hausarbeit,
  Bachelor- und Masterarbeit

- Ihr eigenes eBook und Buch -
  weltweit in allen wichtigen Shops

- Verdienen Sie an jedem Verkauf

Jetzt bei www.GRIN.com hochladen
und kostenlos publizieren

Grundlagen des Sport- und Vereinsrechts. Haftung, Arbeitsrecht, steuerliche Aspekte eines Sportvereins und das Beispiel eines Sponsoringvertrags

Bibliografische Information der Deutschen Nationalbibliothek:

Die Deutsche Nationalbibliothek verzeichnet diese Publikation in der Deutschen Nationalbibliografie; detaillierte bibliografische Daten sind im Internet über http://dnb.d-nb.de abrufbar.

ISBN: 9783346282019
Dieses Buch ist auch als E-Book erhältlich.

Druck und Bindung: Books on Demand GmbH, Norderstedt Germany
Gedruckt auf säurefreiem Papier aus verantwortungsvollen Quellen

Das vorliegende Werk wurde sorgfältig erarbeitet. Dennoch übernehmen Autoren und Verlag für die Richtigkeit von Angaben, Hinweisen, Links und Ratschlägen sowie eventuelle Druckfehler keine Haftung.

Das Buch bei GRIN: https://www.grin.com/document/947570

Inhaltsverzeichnis

1 Grundlagen Sport- und Vereinsrecht

1.1 Beurteilung wirtschaftlicher Verein anhand Struktur, Organigramm und Satzung

Nach §21 BGB darf der Zweck eines nicht wirtschaftlichen Vereins nicht auf den wirtschaftlichen Geschäftsbetrieb ausgerichtet sein. Unterstützt wird diese Rechtslage durch den Bundesgerichtshofbeschluss II ZB 7/16 vom 16. Mai 2017, welcher einen Verein aufgrund des Verstoßes gegen diesen Paragrafen aus dem Vereinsregister hatte löschen sollen. Im Folgenden wird untersucht, ob dem Fußballverein RasenBallsport Leipzig e.V. aufgrund einer Ausrichtung des Hauptzwecks auf den wirtschaftlichen Geschäftsbetrieb Ähnliches drohen kann.

Laut des Organigramms sind die Vorstands- und Ehrenratspositionen im RasenBallsport Leipzig e.V. mit Personen aus der Führungsetage der Red Bull GmbH besetzt. Durch diese engen Zusammenhänge kann von einer Einflussnahme im Bereich der wirtschaftlichen Interessen des Getränkekonzerns durch die führenden Mitglieder auf den Verein ausgegangen werden. Da die Red Bull GmbH als Hauptsponsor des Fußballvereins gilt, werden durch diese personellen Begebenheiten die Grenzen zwischen einem üblichen Sponsoring und einer Einflussnahme auf die Geschicke des Vereins verwischt und eine unternehmerische Ausgestaltung der Vereinsarbeit liegt nahe.

Bei Betrachtung des Satzungsauszuges fällt auf, dass die Personenzahl der stimmberechtigten Mitglieder zwischen 7 und 11 begrenzt ist. Durch diese Festlegung ist eine Regulierung der bestimmenden Personen des Vereins, die „an der Gestaltung des Vereinslebens mitwirken" und somit die Interessen des Vereins vertreten, gegeben.

1.2 Beurteilung wirtschaftlicher Verein anhand GuV

In Anbetracht der Gewinn- und Verlustrechnung aus der Saison 2012/2013 können ebenfalls interessante Erkenntnisse in Bezug auf die wirtschaftliche Tätigkeit des Vereins gewonnen werden.

Der Fokus des Vereins liegt klar auf dem Profibereich, da dieser die meiste mediale Aufmerksamkeit mit sich bringt und somit auch am meisten Einnahmen generiert.

Über 80% der Einnahmen wurden durch das erfolgreiche Auftreten der Profimannschaft erwirtschaftet, nicht etwa durch die Jahresbeiträge der Mitglieder, welche üblicherweise den größten Einnahmenblock eines idealtypischen Vereins stellen. Allein diese Ausrichtung auf die Profimannschaft zeigt auf, wo der Verein seinen Schwerpunkt setzt. Ein Nebeneffekt dieser hauptsächlich wirtschaftlichen Tätigkeit könnte sich im Merchandising bemerkbar machen, welches mit 2,5% in der 2.Liga nur sehr wenig zum Gesamtergebnis beiträgt. Da viele Fußballinteressierte und als „RB Leipzig"-Fans in Frage kommende die Vorgehensweise des Vereins und seines Sponsors ablehnen, gibt es nur wenige, die sich mit dem Fußballverein identifizieren und seine Merchandisingprodukte kaufen.

67,1% (16,25Mio €) aller Aufwendungen in der 2. Bundesliga konnten dem Profi-Spielbetrieb zugeordnet werden, während für die Jugend bzw. den Amateursport gerade einmal 1,47Mio € (6,1%) aufgewendet wurden. Problematisch ist das, da die Jugendarbeit bzw. der Breiten- oder Amateursport in einem gemeinnützigen Verein einen viel höheren Stellenwert genießen sollten.

1.3 Beurteilung wirtschaftlicher Verein anhand Schreibweise, Logo, Sponsoring und Homepage

Bei Betrachtung der Schreibweise „RasenBallsport Leipzig e.V." ist die Verwendung der Großbuchstaben „R" und „B" besonders auffällig, da diese auch bei der Red Bull GmbH wesentlicher Namensbestandteil sind. Durch die Verwendung des Namens „RasenBallsport" findet zwar namentlich keine Nennung des Sponsors statt, die Nähe zu diesem dürfte aber dadurch jedem klar sein. Spätestens nach der Ansicht des Logos besteht dann kein Zweifel mehr, wer der Haupt-Geldgeber des eingetragenen Vereins ist. Die beiden roten, aufeinander zuspringenden Bullen sind das unverkennbare Markenzeichen des Getränkekonzerns und wurden für das Logo des derzeitigen Bundesligisten lediglich noch leicht modifiziert, um für den Spielbetrieb zugelassen zu werden. Auch auf dem Logo sind die beiden roten Buchstaben „RB" deutlich zu erkennen. Des Weiteren sind die offiziellen Vereinsfarben „rot-weiß" (DFB, 2018) beim Getränkekonzern ebenfalls ein Teil des Markenauftritts. Die Farbe rot spielt hier, wie der Name „Red Bull GmbH" vermuten lässt, die zentrale Rolle. Wiederfinden lassen sich die Farben rot und weiß auf den Bundesliga-Heimtrikots der Saison 2018/2019, auf welchen außerdem als Trikotsponsorship das Logo der österreichischen GmbH zu finden ist (redbullshop.com, 2018). Durch den Internetauftritt des Clubs wird die Nähe zur Red Bull GmbH und die damit verbundenen wirtschaftlichen Tätigkeiten des Vereins noch einmal besser deutlich, als nur durch die Vereinsfarben. Die Homepage ist vollständig in blau-rot gehalten, welches auch die dominanten Farben auf der Dose des Hauptproduktes der Red Bull GmbH sind (Red Bull GmbH, 2018), sowie auf deren Webseite. Ein weiterer sehr interessanter Aspekt ist, dass der Onlineshop, über den die gesamten Merchandisingartikel des Clubs online verkauft werden, den Namen „redbullshop.com" trägt und laut Impressum (policies.redbull.com, 2018) an derselben österreichischen Adresse sitzt, wie die Red Bull GmbH. Das Sponsoringengagement der Red Bull GmbH bei RB Leipzig geht selbstverständlich noch weit über den Betrieb des Onlineshops hinaus. So werden dem Bundesligisten z.B. Jahr für Jahr Darlehen gewährt, welche mittlerweile schon für Verbindlichkeiten im hohen zweistelligen Millionenbereich gegenüber der Red Bull GmbH gesorgt haben (sponsors.de, 2018).

1.4 Konsequenzen

Wie in bereits erwähntem Beschluss des Bundesgerichtshofes II ZB 7/16 vom 16. Mai 2017 dargestellt wird ein eingetragener Verein bei Feststellung der hauptsächlich wirtschaftlichen Tätigkeit aus dem Vereinsregister gelöscht. Damit einher gehen einige, vor Allem steuerrechtliche, Nachteile. Allen voran jedoch, dass der Spielbetrieb nicht länger aufrechterhalten werden könnte, da bei jedem Bundesligaclub laut Reglement der Deutschen Fußball Liga der eingetragene Verein die Mehrheit der Stimmen halten muss, welcher in diesem Fall aber gar nicht mehr existierte.

Die vier Sphären eines idealtypischen Vereins werden nun genauer hinsichtlich der möglichen steuerlichen Konsequenzen betrachtet.

Die erste Sphäre beinhaltet den ideellen Bereich, welchem z.B. Mitgliedsbeiträge oder Zuschüsse zugeordnet werden. Als wirtschaftlicher Verein fallen vermutlich die Zuschüsse von Sportverbänden, Stadt usw. kleiner aus oder sogar völlig weg. Die Mitgliedsbeiträge müssten komplett mit 19% versteuert werden, da sie wie Umsätze aus dem wirtschaftlichen Geschäftsbetrieb gewertet würden.

Die Vermögensverwaltung stellt die zweite Sphäre dar und ist normalerweise steuerbefreit. Falls die Gemeinnützigkeit aberkannt würde, müsste sowohl die Körperschaftssteuer in Höhe von (i.H.v.) 15%, als auch die Gewerbesteuer i.H.v. 3% + Hebesatz (in der Regel 400%) gezahlt werden. Für die dritte Sphäre, den Zweckbetrieb, gilt folgendes: Hier würde die Steuerbefreiung bis zur Grenze von 45.000€ wegfallen und es müsste, statt der ermäßigten 7% für gemeinnützige Vereine, der volle Steuersatz i.H.v. 19% gezahlt werden.

In der vierten und letzten Sphäre, dem wirtschaftlichen Geschäftsbetrieb würde sich durch eine Aberkennung der Gemeinnützigkeit nicht viel ändern, da hier auch der eingetragene, gemeinnützige Verein normal steuerpflichtig ist. Lediglich die Freigrenze von 35.000€ gilt dann nicht mehr.

1.5 Zusammenfassung

Zusammenfassend lässt sich aus den verschiedenen Argumentationen ableiten, dass es sich meiner Meinung nach beim RasenBallsport Leipzig e.V. um einen wirtschaftlichen Verein handelt, welcher hauptsächlich auf den wirtschaftlichen Erfolg mit Hilfe der sportlich erfolgreichen ersten Profi-Mannschaft ausgerichtet ist. Zudem wird durch die Vereinsstrukturen ermöglicht, dass die Red Bull GmbH als Hauptsponsor stark auf das Vereinsgeschehen Einfluss nehmen kann und nach dessen (wirtschaftlichen) Interessen gehandelt wird. Der Fußballverein RB Leipzig e.V. wird von der Red Bull GmbH außerdem als Marketinginstrument genutzt, um die eigene Marke zu stärken.

1.6 Strukturelle Veränderung des RasenBallsport Leipzig e.V.

Die Ausgliederung der Profimannschaft sowie aller Nachwuchsteams absteigend bis zur U16 in eine GmbH war ein logischer Schritt des damaligen Zweitligisten in Richtung Professionalisierung im Spätjahr 2014. Auf einer außerordentlichen Mitgliederversammlung am 2. Dezember 2014 stimmten alle 14 stimmberechtigten Mitglieder für diese Maßnahme. In dieser Spielbetriebs GmbH ist die Red Bull GmbH zu 99% Gesellschafter, lediglich zu 0,5% ist der Verein beteiligt (mz-web.de, 2016), während die Stimmrechte wegen der 50+1-Regel der DFL zu über 50% beim e.V. bleiben müssen. Durch diese Ausgliederung hat sich der Profibereich vor Allem rechtlich abgesichert, damit die Gemeinnützigkeit des RasenBallsport Leipzig e.V. nicht angefochten werden kann. Außerdem wurde dadurch eine Lizenzauflage der Deutschen Fußball Liga (DFL) für den Spielbetrieb in der zweiten Bundesliga 2014 erfüllt. Die DFL hatte gefordert, dass zumindest der Profibereich in eine Spielbetriebs GmbH ausgegliedert wird, um aus der vorherigen rechtlichen Grauzone auszutreten. Ein dritter Grund für die Ausgliederung wird gewesen sein, dass sich nun neue Möglichkeiten für Sponsoren bieten, da diese nun mehr investieren können. Die Struktur hat sich insofern verändert, dass aufgrund einer weiteren Auflage der DFL ein Fördermitglied des Vereins in den Aufsichtsrat gewählt wurde. Dies wurde als Maßnahme deklariert, eine Mitbestimmung und Mitarbeit im Verein auch Personen zu ermöglichen, die der Red Bull GmbH nicht nahestehen bzw. dort angestellt sind.

2 Haftung im Sport

2.1 Haftung – Teil I

Kann Eishockeyfan Thomas Ersatz seiner Behandlungskosten vom Verein verlangen?
Durch den Ticketkauf für das Heimspiel der „Eisbären Berlin e.V." und den damit abgeschlossenen Vertrag haben beide Vertragspartner gewisse Pflichten dem Anderen gegenüber. Nach Anspruchsgrundlage von §280 I BGB besteht ein Schuldverhältnis. Durch die fahrlässige Handlungsweise des Angestellten Friedrich wurde eine Vertragspflicht verletzt, da keine Reparatur des kaputten Netzes stattgefunden hat, welches die Zuschauer in derartigen Situationen schützt. Nach §31 BGB haftet der Verein für einen Schaden, der, wie in diesem Fall, von einem Vorstand verursacht wurde, solange keine grobe Fahrlässigkeit oder Vorsatz zum Schaden geführt haben.
Thomas kann vom Verein den Ersatz seiner Behandlungskosten verlangen.

2.2 Haftung – Teil II

Kann die Sauerland Event GmbH von Klaus den Ersatz des Schadens verlangen?
Als Anspruchsgrundlage dient hier §823 I BGB, da es sich um deliktische Ansprüche handelt. Es liegt eine Rechtsgutverletzung des Kraftfahrers vor, da dieser eine Körperverletzung am Boxer Arthur Abraham begangen hat. Die Verletzungshandlung ist der Unfall, welcher aus dem verkehrswidrigen Fahren resultiert. Eine haftungsbegründende Kausalität liegt nicht vor, da durch den Unbeteiligten Klaus kein Zusammenhang zur Sauerland Event GmbH besteht.
Die Sauerland Event GmbH kann somit keinen Ersatz des Schadens von Klaus verlangen.

2.3 Haftung – Teil III

Da es sich beim Fußball um eine Kontaktsportart handelt und Verletzungen durch Aufeinandertreffen von zwei oder mehr Spielern ganz normal sind, ist es grundsätzlich aufgrund der Haftungsprivilegierung schwierig, hier eine Haftungsfrage zu klären. Um diesen Fall nach einem Prüfschema zu untersuchen, kommt §823 I BGB in Frage, da eine Rechtsgutverletzung des Körpers und der Gesundheit des Spielers und keine vertraglichen Ansprüche der Spieler untereinander vorliegen. Die Verletzungshandlung ist das Foul und eine Kausalität besteht: Ohne das Foul hätte sich der Spieler Meier nicht derart heftig verletzt. Ob eine Rechtswidrigkeit vorliegt, kann vermutlich nicht eindeutig geklärt werden. Hierfür müssten Beweise und weitere Zeugen hinzugezogen werden. Ob sich der Schiedsrichter als einziger unbefangener Zeuge neben den Fans und Betreuern beider Mannschaften nach der langen Spielpause von Meier allerdings noch genau an die Abfolge des Fouls erinnern kann, ist fraglich.

Kann die Rechtswidrigkeit nicht nachgewiesen werden, besteht für Meier auch kein Anspruch auf Schadensersatz gegen Schmidt. Außerdem ist im Fußball mit solch einer Verletzung durch die Härte des Spiels durchaus zu rechnen.

3   „Arbeitsrecht" im Sport

3.1   „Arbeitsrecht"/Sozialversicherungsrecht – Fall I

Die Merkmale eines selbstständigen Sportlers sind in diesem Sachverhalt alle aufgeführt, weshalb es sich meiner Meinung nach auch um eine selbstständige Tätigkeit von Henry S. handelt. So ist vertraglich festgelegt, dass er an keinerlei Trainings- oder Wettkampfzeiten- und orte des Vereins gebunden ist. Sein Training organisiert er selbstständig und führt es auch zu Zeiten aus, die mit der Vereinsorganisation nichts zu tun haben. Ein weiteres Indiz der Selbstständigkeit ist, dass er keinen festen Monatslohn, sondern lediglich pauschal einen Betrag erhält. Zusätzlich wird er pro Einsatz bei jedem Wettkampf für den Verein entlohnt.

3.2 „Arbeitsrecht"/Steuerrecht – Fall II

Die Spieler der ersten Mannschaft des „Kicker e.V." sind durch mündliche Absprachen zur Teilnahme an allen Spielen und somit einer gesamten Ligasaison verpflichtet. Außerdem verpflichtet sind sie zur mindestens wöchentlichen Teilnahme am Mannschaftstraining, welches zu vom Verein festgelegten Zeiten und Orten stattfindet. Das sind eindeutige Indizien für eine Einstufung der Fußballer als Arbeitnehmer. Hinzu kommt, dass vom Verein sämtliche Fahrtkosten zum Training und zu Fußballspielen, sowie Ausgaben für die Sportkleidung und deren Reinigung übernommen wurden. Dieser Umstand macht eine Einstufung der 50 bis 80 Euro pro Spiel als Aufwandsentschädigung unmöglich und die Einstufung als Arbeitnehmer notwendig.

3.3 „Arbeitsrecht"/Sozialversicherungsrecht – Fall III

Durch diesen befristeten Vertrag mit monatlicher Entlohnung für Tristan R. ist dieser eindeutig als Arbeitnehmer des Handballvereins einzustufen. Indizien dafür sind, dass er ein festes monatliches Gehalt bekommt, Lohnfortzahlung im Krankheitsfall erfolgt, er bezahlten Urlaub nehmen kann und außerdem die Trainingszeiten- und orte nicht frei bestimmt werden können, sondern von der Organisation der Trainingszeiten und der Weisung des Vereins abhängig sind. Außerdem wird ihm kostenlos ein Dienstwagen zur Verfügung gestellt. Aus diesen Gründen ist der Arbeitgeber, in diesem Fall der Verein selbst, verpflichtet, Sozialabgaben für seinen Arbeitnehmer Tristan R. korrekt abzuführen.

4 Sponsoringvertrag

Sponsoringvertrag

Zwischen

der „Nikidas GmbH", vertreten durch den Geschäftsführer Manuel Neuer, Musterstraße 69, 66346 Musterstadt

-nachfolgend „Sponsor" genannt-

und

dem „Lauftreff-Freunde Köllertal e.v.", vertreten durch Lukas Rudershausen, Muster-straße 58, 66346 Musterstadt

-nachfolgend „Gesponserter" genannt-

wird folgender Sponsoringvertrag geschlossen:

Präambel:

Der Gesponserte ist ein Leichtathletikverein, der im folgenden Jahr zum dritten Mal in Folge die Straßenlauf-Serie „Saar-LaufCup" ausrichtet. Bei diesem Lauf werden viele regional erfolgreiche, aber auch national und international bekannte Läufer an den Start gehen und die regionale und überregionale Presse wird ausführlich berichten.

Der Sponsor ist ein deutschlandweit tätiger Sportartikelhersteller, der sich durch dieses Sponsoring eine Steigerung des Bekanntheitsgrades und eine Umsatzsteigerung während der Wettkampfmonate erhofft.

Folgender Vertrag wird nun unter diesen Gegebenheiten geschlossen:

§1 – Leistungen des Sponsors

Sachleistung: Der Sponsor verpflichtet sich, bis spätestens 14 Tage vor jedem Lauftermin für jeden angemeldeten Läufer ein T-Shirt mit aufgedrucktem „Saar-LaufCup"-Logo in der vorher vom Läufer angegebenen Größe bereitzustellen. Des Weiteren werden die jeweils acht besten Läufer pro Lauf mit einem umfangreichen Sportartikelpaket, welches vom Sponsor bereitgestellt wird, bestehend aus T-Shirt, Laufhose, 1 Paar Laufsocken, Plastikflasche und Rucksack, bei der Siegerehrung ausgestattet. Für alle 50 freiwilligen Helfer wird dem Gesponserten in entsprechender Größe und ohne Druck je eine Trainingshose, ein Paar Sportschuhe, ein T-Shirt, eine Regenjacke und eine Cap zur Verfügung gestellt. Ebenfalls verpflichtet sich der Sponsor zum Entwurf und Druck von Flyern, die auf die Laufserie aufmerksam machen in einer Auflage von 10.000 Stück pro Laufevent. Die Distribution dieser Flyer ist unter „Dienstleistung" beschrieben.

Geldleistung: Der Sponsor verpflichtet sich, jeweils 3 Wochen vor jeder Laufveranstaltung dem Gesponserten 12.000€ zuzüglich der zum Zeitpunkt der Überweisung fälligen Umsatzsteuer auf das Konto des Gesponserten unter der IBAN DE12 3456 7890 0000 0069 69 bei der Musterbank zu überweisen. Dieser Geldbetrag dient jeweils zur Finanzierung der auftretenden Fixkosten, sowie der Begleichung der Verpflegungskosten nach jeder Veranstaltung.

Dienstleistung: Die unter dem Punkt „Sachleistung" bereits erwähnten 10.000 Flyer für jedes Event werden durch den Sponsor in den eigenen Ladengeschäften ausgelegt und zusätzlich in der Woche vor jedem Laufsonntag offensiv an alle Käufer eines Artikels verteilt.

§2 – Gegenleistung des Gesponserten

Als Gegenleistung darf das Logo des Sponsors auf alle offiziellen T-Shirts für die Sportler mit einer maximalen Größe von 10 x 20 cm auf die Rückenfläche gedruckt werden.

Außerdem wird dem Sponsor gestattet, höchstens zwei Promotionstände pro Event aufzubauen, an denen die Artikel des Sponsors verkauft werden dürfen.

Während der Moderation des Events wird 30-minütig der Name des Sponsors genannt und ihm für das Vertrauen gedankt.

Der Gesponserte gewährt dem Sponsor die Möglichkeit, die Hauptzuschauertribüne mit dem Namen des Sponsors zu versehen. Diese trägt zu allen vier Laufevents den Namen „Nikidas-Tribüne". Weitere Anbringungen des Unternehmensschriftzuges wird dem Sponsor im Bereich von 10 Meter vor und 10 Meter hinter dem Zieleinlauf gewährt. Für eine rechtzeitige Anbringung der Werbebanden bis 12 Stunden vor Startschuss des Laufes hat der Sponsor zu sorgen.

Dem Sponsor werden 15 VIP-Karten pro Laufevent zur Verfügung gestellt, die von diesem entweder unter den Mitarbeitern oder der Geschäftsführung verteilt werden dürfen oder an die Kunden verlost werden dürfen.

§3 – Gefahrtragung/Leistungsstörung

Falls die Veranstaltung oder Teile der Veranstaltung aufgrund höherer Gewalt nicht oder nur teilweise durchgeführt werden kann, liegt beim Gesponserten das Risiko. Bereits geleistete Vertragsbestandteile werden, falls möglich, rückabgewickelt. Für dem Sponsor entstandene Kosten aus der Produktion und Bedruckung sämtlicher Sportartikel muss der Gesponserte im Falle einer unmöglichen Durchführung der Veranstaltung oder Teile der Veranstaltung nicht aufkommen.

§4 – Laufzeit und Optionsrechte

Der Sponsoringvertrag tritt zum 01.04.2019 in Kraft, wenn bis dahin beide Vertragspartner unterzeichnet haben und ist zunächst auf die Lauf-Serie 2019 beschränkt. Er endet am Tag nach dem letzten Laufevent der Serie.

Dem Sponsor wird die Möglichkeit eingeräumt, das Vertragsverhältnis nach Beendigung einmalig schriftlich zu denselben Bedingungen zu verlängern.

§5 – Wettbewerbsverbot

Der Gesponserte verpflichtet sich, keinen anderen Hersteller konkurrenzfähiger Produkte als Sponsor an dem Event zu beteiligen und keinem anderen Sponsor das Namensrecht an der Hauptzuschauertribüne oder einer anderen Tribüne zu übertragen.

§6 – Zahlungsmodalitäten

Der Sponsor verpflichtet sich, die Geldleistungen jeweils drei (3) Wochen vor jedem Laufevent dem Gesponserten den vereinbarten Betrag auf das Konto mit der IBAN DE12 3456 7890 0000 0069 69 bei der Musterbank zu überweisen.

§7 – Haftungsausschluss

Das Erreichen der vom Sponsor gewünschten Sponsoringziele der Umsatzsteigerung und der Steigerung des Bekanntheitsgrades liegt allein in dessen Verantwortung. Der Sponsor ist nicht an der Durchführung der Veranstaltung beteiligt und haftet somit auch nicht gegenüber Teilnehmern, Besuchern und anderen Beteiligten.

§8 – Kündigungsklausel

Aufgrund der Befristung des Sponsoringvertrages ist eine ordentliche Kündigung dessen nicht möglich. Jede Vertragspartei ist berechtigt, den Vertrag aus wichtigem Grund fristlos zu kündigen. Ein zur fristlosen Kündigung berechtigender wichtiger Grund liegt insbesondere vor, wenn die andere Vertragspartei schuldhaft gegen ihr obliegende wesentliche vertragliche Verpflichtungen verstoßen hat und den Verstoß trotz Abmahnung mit angemessener Fristsetzung nicht innerhalb der gesetzten Frist abstellt.

§9 – Schriftformklausel

Mündliche Nebenabreden wurden nicht getroffen. Alle Änderungen oder Ergänzungen dieses Vertrages bedürfen zu Ihrer Wirksamkeit der Schriftform, wobei ein Briefwechsel genügt.

An die andere Vertragspartei gerichtete Mitteilungen sind schriftlich abzugeben. Mitteilungen per Telefax oder E-Mail sind nur wirksam, falls die Bestätigung durch Brief unverzüglich nachfolgt.

Die Vertragsparteien verpflichten sich, einander etwaige Anschriftenänderungen unverzüglich mitzuteilen.

§10 – Gerichtsstandsvereinbarung

Dieser Vertrag unterliegt hinsichtlich seines Zustandekommens und in allen seinen Wirkungen ausschließlich dem Recht der Bundesrepublik Deutschland.

§11 – Salvatorische Klausel

Sollten einzelne Bestimmungen dieses Vertrages ganz oder teilweise unwirksam oder undurchführbar sein, so berührt das die Wirksamkeit des Vertrages im Übrigen nicht. Die Vertragsparteien verpflichten sich für diesen Fall, die unwirksame oder undurchführbare Bestimmung durch eine wirksame oder durchführbare Regelung zu ersetzen, die dem wirtschaftlich gewollten Zweck der ganz oder teilweise unwirksamen oder undurchführbaren Regelung im Rahmen des Gesamtvertrages am nächsten kommt. Entsprechendes gilt für etwaige Lücken im Vertrag. Sollte der Vertragszweck mit wirksamen oder undurchführbaren Regelungen nicht erzielbar sein, so ist jede Vertragspartei zur fristlosen Kündigung aus wichtigem Grunde berechtigt.

_____   _____
Ort, Datum   Unterschrift des Sponsors

_____   _____
Ort, Datum   Unterschrift des Gesponserten

5 Steuerliche Aspekte im Sport- und Vereinsrecht

5.1 Steuerliche Sphären

Aufgeteilt in die vier verschiedenen Sphären, werden die ertragssteuerlichen Folgen des Jahres errechnet.

1.Sphäre: Ideelle Sphäre (steuerfrei)

Mitgliedsbeiträge

180 Mitglieder x 18 €/Monat x 12 Monate/Jahr

= 38.880€

2. Sphäre: Vermögensverwaltung (steuerfrei)

Verpachtung des Grundstücks

3.500€ monatl. Pachteinnahmen x 12 Monate/Jahr

= 42.000€

3.Sphäre: Zweckbetrieb (steuerfrei bis 45.000€)

Einnahmen aus sportl. Veranstaltungen

42.000€

4.Sphäre: Wirtschaftlicher Geschäftsbetrieb

1.) Sponsoring

45.000€ - 85%, da nur 15% davon versteuert werden müssen

= 6.750€

Abzüglich des Freibetrages von 5.000€ ergibt sich die Umsatzsteuer in Höhe von 1.750€.

- Körperschaftssteuer (15% des Gewinns):

  15% von 1.750€

  =262,50€

- Gewerbesteuer (3,5% + 400% Hebesatz des Gewinns):

  3,5% von 1.750€

  =61,25€

  400% von 61.25€

  = 245,00€

Körperschaftssteuer + Gewerbesteuer

= 262,50€ + 245,00€

= **507,50€**

2.) Einnahmen aus Kantine

19% von 27.000€

= **5.130€**

507,50€ + 5.130€

= **5.637,50€**

Im vorliegenden Jahr muss der Verein 5.637,50€ an Steuern zahlen.

5.2 Umsatzsteuer

Die vier Sphären eines gemeinnützigen Vereins, sowie deren steuerliche Merkmale
werden am Beispiel eines Sportvereins dargestellt.

Die erste Sphäre ist die ideelle Sphäre. Hierunter fallen alle Mitgliedsbeiträge inkl. Auf-
nahmegebühren, Spenden oder Zuschüsse. Beispielhaft wären hier die Jahresbeiträge
für den fiktiven Sportverein in Höhe von 65.000€ zu nennen. Dieser Betrag, sowie alle
Einnahmen aus dieser ersten Sphäre müssen nicht besteuert werden, da hier eine Steuerbefreiung vorliegt.

An zweiter Stelle steht die Vermögensverwaltung mit den typischen Geschäftsvorfällen
Einnahmen aus Verpachtung, Dividenden oder auch Zinsen. Wenn ein Verein sein Ver-
einsheim langfristig verpachtet und dafür 1.000€ pro Monat einnimmt, ist auch dieser
Betrag steuerbefreit.

Die dritte Sphäre beschreibt den Zweckbetrieb, worunter vor Allem Sportveranstaltun-
gen fallen. Ein Merkmal ist, dass ein wirtschaftlicher Geschäftsbetrieb erfolgt, allerdings ausschließlich zur Förderung des Sports. Beispielhaft können hier die Startgelder
für einen Stadtlauf des Vereins genannt werden. Jeder der 200 Athleten zahlt 50€ Start-
gebühr. Die Einnahmen in Höhe von 10.000€ sind ebenfalls steuerfrei.

Die vierte und letzte Sphäre beinhaltet den wirtschaftlichen Geschäftsbetrieb. Hier fallen Umsatzsteuern in voller Höhe an, da sich der Verein direkt am Wirtschaftsleben
beteiligt. Werden beim genannten Stadtlauf vom Verein Essen und Getränke verkauft,
müssen alle Einnahmen daraus in Höhe von 23.000€ mit 19% besteuert werden.

6   Literaturverzeichnis

Axel Springer SE. (2014). *RB Leipzigs 14 Mitglieder stimmen für Klub-Umbau.* Zugriff am 07.10.2018. Verfügbar unter: https://www.welt.de/sport/fussball/2-bundesliga/article134955547/RB-Leipzigs-14-Mitglieder-stimmen-fuer-Klub-Umbau.html

Deutscher Fußball-Bund. (2018). RB Leipzig e.V.. Zugriff am 07.10.2018. Verfügbar unter: https://www.dfb.de/datencenter/vereine/rb-leipzig-e-v

Mediengruppe Mitteldeutsche Zeitung GmbH & Co. KG. (2016). *Acht Fragen, acht Antworten Was Sie zum Saisonstart über RB Leipzig wissen müssen.* Zugriff am 07.10.2018. Verfügbar unter: https://www.mz-web.de/sport/fussball/rb-leipzig/acht-fragen--acht-antworten-was-sie-zum-saisonstart-ueber-rb-leipzig-wissen-muessen-24651788

Red Bull GmbH. (2018). Red Bull-Dose. Zugriff am 07.10.2018. Verfügbar unter: https://energydrink-de.redbull.com/red-bull-energy-drink

Salzburg Sport GmbH. (2018). *Impressum.* Zugriff am 07.10.2018. Verfügbar unter: https://policies.redbull.com/policies/Red_Bull_Shop/201808210237/de/imprint.html

Salzburg Sport GmbH. (2018). *RBL Heimtrikot 18/19.* Zugriff am: 07.10.2018. Verfügbar unter: https://www.redbullshop.com/de/p/RBL-Heimtrikot-18-19/RBL18003/

SPONSORs Verlags GmbH. (2018). *RB Leipzig: 118 Mio. Umsatz, 83 Mio. Red-Bull-Schulden.* Zugriff am 07.10.2018. Verfügbar unter: https://www.sponsors.de/news/fussball/rb-leipzig-118-mio-umsatz-83-mio-red-bull-schulden